VISITAS AOS SANTOS ANJOS

Organização e compilação
Diác. Fernando José Bondan

VISITAS AOS SANTOS ANJOS

Meditações patrísticas e orações

EDITORA
VOZES

Petrópolis

© 2018, Editora Vozes Ltda.
Rua Frei Luís, 100
25689-900 Petrópolis, RJ
www.vozes.com.br
Brasil

Todos os direitos reservados. Nenhuma parte desta obra poderá ser reproduzida ou transmitida por qualquer forma e/ou quaisquer meios (eletrônico ou mecânico, incluindo fotocópia e gravação) ou arquivada em qualquer sistema ou banco de dados sem permissão escrita da editora.

CONSELHO EDITORIAL

Diretor
Gilberto Gonçalves Garcia

Editores
Aline dos Santos Carneiro
Edrian Josué Pasini
Marilac Loraine Oleniki
Welder Lancieri Marchini

Conselheiros
Francisco Morás
Ludovico Garmus
Teobaldo Heidemann
Volney J. Berkenbrock

Secretário executivo
João Batista Kreuch

Editoração: Ana Lucia Q.M. Carvalho
Diagramação: Sheilandre Desenv. Gráfico
Revisão gráfica: Nilton Braz da Rocha
Capa: WM design
Ilustração de capa: © Renata Sedmakova | Shutterstock

ISBN 978-85-326-5901-9

Editado conforme o novo acordo ortográfico.

Este livro foi composto e impresso pela Editora Vozes Ltda.

Prefácio

Prezado leitor. Com este livro dedicado aos santos anjos concluímos nossa proposta de uma coleção de "visitas" espirituais. No primeiro livro meditamos sobre Jesus presente na Eucaristia; no segundo, sobre os mistérios de Maria Santíssima e seu divino filho Jesus. Agora, meditamos sobre os mistérios dos santos anjos de Deus.

O *Catecismo da Igreja Católica* afirma categoricamente que os anjos são "criaturas puramente espirituais, são dotados de inteligência e de vontade: são criaturas pessoais e imortais" e "Cristo é o centro do mundo angélico" (§ 330-331). Por isso, faz parte do patrimônio de nossa fé católica a devoção aos santos anjos, sabendo que eles são servos de Jesus a quem Ele confia "missões para o bem daqueles que devem herdar a salvação" (Hb 1,14).

Esses irmãos invisíveis são reais, existem e nos assistem em nossas necessidades. São modelos de perfeição e dedicação ao Senhor. São nossos irmãos mais velhos na fé!

Por tudo isso é digno que após venerarmos a Rainha dos Anjos, Maria Santíssima, também veneremos os seus servos, nossos amigos e irmãos de caminhada rumo à casa do Pai.

Longe de uma devoção supersticiosa e equivocada, na qual se invocam anjos pelos seus nomes, aqui primamos pela simplicidade da fé que reza e se comunica com os anjos na grande *comunhão dos santos*. Uma devoção que nos leve, à imitação das virtudes angélicas, para mais perto de Nossa Senhora e seu filho Jesus, nosso Divino Salvador.

Os textos escolhidos neste livro, em sua quase totalidade, são textos angélico-cristológicos, onde temos a oportunidade de ver a ligação profunda entre os santos anjos e o Senhor Jesus, e como não é possível separá-los na grande economia da salvação.

Que cresça a nossa devoção aos irmãos do céu!

* * *

Este livro foi feito para visitar os santos anjos e meditar sobre seus mistérios durante trinta dias. Isso significa que cada dia está previsto. Os textos foram pensados para uso pessoal, mas nada impede de adaptá-los à vida comunitária. Poderia se organizar da seguinte forma:

1) Coordenador(a): invoca-se o Espírito Santo com um canto ou oração.

2) Coordenador: puxa-se o sinal da cruz, canta-se um canto angélico ou que faça menção aos santos anjos e reza-se a jaculatória: "**V:** Deus deu uma ordem aos seus anjos. **R:** Eles proteger-te--ão nos teus caminhos".

3) Leitor 1: poderia fazer a leitura do Evangelho do dia.

4) Cantor: refrão de algum canto.

5) Leitor 2: leitura do texto patrístico.

6) *Um momento de silêncio contemplativo.*

7) Coordenador: reza-se a oração que está no encarte ou à (p. 9).

8) Oração final.

9) Se não há ministro ordenado presente, um "ministro extraordinário da Sagrada Comunhão" ou um "catequista" pode invocar a bênção sobre si e sobre o grupo, mas sem traçar o sinal da cruz sobre todos. Pode-se adaptar a bênção de Nm 6,24-26.

10) Em caso individual, cada um invoca sobre si a bênção, traçando o sinal da cruz e dizendo: "O Senhor nos abençoe, nos livre de todo mal

e nos conduza à vida eterna", tal como se faz na Liturgia das Horas.

Uma boa meditação a todos!

VISITAS AOS SANTOS ANJOS

É à vossa bondade que rogo e imploro,
ó bons e imaculados anjos e arcanjos.
A vosso poder recorro,
ó imaculados espíritos!
Alcançai-me
que pura seja a minha vida,
inabalável a minha esperança,
ilibados os meus costumes,
perfeito e livre de toda ofensa
o meu amor para com Deus
e para com o próximo.
Ah!, tomai-me pela mão,
conduzi-me, guiai-me por aqueles caminhos
que são aceitos por Deus
e salutares a mim.

Amém.

São Sofrônio de Jerusalém († 639)

✝

Em nome do Pai e do Filho e do
Espírito Santo. Amém.

V: Adiantou-se outro anjo e pôs-se junto ao altar.

R: Com um turíbulo de ouro na mão (Ap 8,3).

Primeiro devo afirmar que somente aquele que
é Princípio de Perfeição sabe com precisão quantas
e quais são as Ordens dos seres celestes e como cada
hierarquia alcança a perfeição. Digo ainda que eles
conhecem seus próprios poderes e iluminações e
sua ordem sagrada e transcendente. Mas a nós é impossível conhecer os mistérios das mentes celestes e
suas santíssimas perfeições, se não contássemos com
o que a Deidade nos revelou misteriosamente por
meio deles, que conhecem bem suas próprias realidades... A Escritura transmitiu nove nomes para todos os seres celestes. Meu glorioso mestre[1] os classi-
ficou em três hierarquias com três ordens cada uma.
Ele disse que a primeira (hierarquia) é aquela que

---

1. Refere-se a Hieroteu.

está constantemente junto de Deus, sempre unida a Ele e desfruta dessa união antes que os demais e sem intermediários.

>   (Pseudo-Dionísio († c. séc. VI).
>   *Hierarquia celeste*, cap. 6).

V: Deus deu uma ordem aos seus anjos.

R: Eles proteger-te-ão nos teus caminhos.

Reza-se a oração *É à vossa bondade*, como no encarte (ou p. 9).

Oração: Ó Deus, que, por uma providência inefável, vos dignastes enviar vossos santos anjos para nos guardar; concedei-nos, nós vos suplicamos, que sejamos sempre protegidos e defendidos por eles, e alegremo-nos eternamente com a sua companhia. Por Nosso Senhor Jesus Cristo, vosso Filho, na unidade do Espírito Santo. Amém.

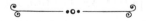

†

Em nome do Pai e do Filho e do
Espírito Santo. Amém.

V: Adiantou-se outro anjo e pôs-se junto ao altar.

R: Com um turíbulo de ouro na mão (Ap 8,3).

O mestre também disse que as Sagradas Escrituras nos transmitem que os santíssimos Tronos e as Ordens dotadas de muitos olhos e muitas asas (Ez 1), que em hebraico são nomeados como Querubins e Serafins, estão colocados imediatamente à volta de Deus, mais próximos do que os demais. Com efeito, nosso insigne mestre diz que este grupo tríplice é uma hierarquia de igual dignidade e que realmente é a primeira, pois não há nenhuma outra mais divinizada que ela, e é a que mais diretamente participa das primeiras iluminações da Deidade. Também afirma que a segunda está composta por virtudes, dominações e potestades. Por fim, a terceira e última das hierarquias celestes a compõem as Ordens dos anjos, arcanjos e principados.

(Pseudo-Dionísio († c. séc. VI).
Hierarquia celeste, cap. 6).

V: Deus deu uma ordem aos seus anjos.

R: Eles proteger-te-ão nos teus caminhos.

Reza-se a oração *É à vossa bondade*, como no encarte (ou p. 9).

Oração: Ó Deus, que dispensais os ministérios dos anjos e dos homens numa ordem admirável; concedei-nos, em vossa bondade, que tenhamos por protetores de nossa vida na terra aqueles que no céu, sem cessar, vos cercam e vos servem. Amém.

†

Em nome do Pai e do Filho e do
Espírito Santo. Amém.

V: Adiantou-se outro anjo e pôs-se junto ao altar.

R: Com um turíbulo de ouro na mão (Ap 8,3).

[Os primeiros seres] são, ademais, "contemplativos", não porque contemplem símbolos sensíveis ou intelectuais, nem porque se elevem a Deus contemplando as várias imagens sagradas, mas porque estão cheios de uma luz superior que supera todo conhecimento imaterial e penetra-os, na medida do possível, naquela contemplação tríplice e transcendente daquele que é Princípio e Fonte de toda beleza. E também são contemplativos porque foram considerados dignos de entrar em comunhão com Jesus, não já através de símbolos sagrados que representam de forma figurada a semelhança de Deus, mas porque realmente vivem em intimidade com Ele, e os "primeiros" participam do conhecimento de suas luzes divinamente operativas. E porque eles receberam, com certeza, no mais alto grau, o dom de imitar a

Deus e participam, na medida do possível, com a eficácia primeira de seu poder, em suas virtudes divinas e misericordiosas.

(Pseudo-Dionísio († c. séc. VI).
Hierarquia celeste, cap. 6).

V: Deus deu uma ordem aos seus anjos.

R: Eles proteger-te-ão nos teus caminhos.

Reza-se a oração *É à vossa bondade*, como no encarte (ou p. 9).

Oração: Senhor nosso Deus, fonte de misericórdia e amor, que revelais através dos anjos um pouco do vosso insondável amor, fazei que, por sua intercessão, cresçamos cada dia mais na vida de oração, meditação e caridade. Amém.

†

Em nome do Pai e do Filho e do
Espírito Santo. Amém.

V: Adiantou-se outro anjo e pôs-se junto ao altar.

R: Com um turíbulo de ouro na mão (Ap 8,3).

Assim dotado destas propriedades divinas a
Ordem média dos espíritos celestes alcança a puri-
ficação, a iluminação e a perfeição tal como se disse,
graças às iluminações divinas que lhe foram conce-
didas em segundo lugar por mediação da primeira
ordem hierárquica e, por sua vez, esta Ordem média o comunica segundo esta iluminação segunda.
Sem espaço para dúvidas, podemos considerar o
que alguns anjos dizem e outros escutam como um
símbolo da perfeição completa que, ao vir de longe, vai diminuindo em sua progressão para os seres
de segunda ordem. Da mesma forma que – como
nos ensinaram nossos santos mestres que nos ini-
ciaram nos mistérios de Deus – as revelações dire-
tas das realidades divinas são mais perfeitas que as

participações nas visões divinas que acontecem mediante outros seres.

> (Pseudo-Dionísio († c. séc. VI).
> *Hierarquia celeste*, cap. 8).

V: Deus deu uma ordem aos seus anjos.

R: Eles proteger-te-ão nos teus caminhos.

Reza-se a oração *É à vossa bondade*, como no encarte (ou p. 9).

Oração: Senhor, Pai de bondade e fonte de todo amor, olhai com bondade para vossos filhos, e fazei que também nós, a exemplo dos santos anjos, saibamos servir no mundo e na Igreja com humildade e alegria. Amém.

✝

Em nome do Pai e do Filho e do
Espírito Santo. Amém.

V: Adiantou-se outro anjo e pôs-se junto ao altar.

R: Com um turíbulo de ouro na mão (Ap 8,3).

A existência de anjos e arcanjos está atestada em quase todas as páginas da Sagrada Escritura. Dos querubins e serafins falam com frequência os livros dos profetas, e São Paulo menciona outros quatro Coros quando, escrevendo aos fiéis de Éfeso, lhes diz: sobre todos os Principados, Potestades, Virtudes e Dominações. Novamente, escrevendo aos colossenses, afirma: sejam Tronos, Dominações, Principados ou Potestades... Por conseguinte, juntam-se os Tronos àqueles outros quatro de que se falou aos efésios – isto é, aos Principados, Potestades, Virtudes e Dominações –, e ficam cinco os Coros dos quais o apóstolo faz particular menção. Se a estes se acrescentam os Anjos, Arcanjos,

Querubins e Serafins, fica comprovado que são nove os coros angélicos.

(São Gregório Magno († 604). *Sermão 34*).

V: Deus deu uma ordem aos seus anjos.
R: Eles proteger-te-ão nos teus caminhos.

Reza-se a oração *É à vossa bondade*, como no encarte (ou p. 9).

Oração: Peço-vos, anjos bem-aventurados, que com vossa ajuda vos digneis conduzir-me, como pela mão, pela estrada real da humildade, que vós por primeiro caminhastes, para que depois desta vida eu mereça ver juntamente convosco a bem-aventurada face do Pai eterno, e ser contado em vosso número também, no lugar de uma daquelas estrelas, que por sua soberba caíram do céu. Amém (São Luiz Gonzaga).

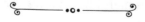

†

Em nome do Pai e do Filho e do
Espírito Santo. Amém.

V: Adiantou-se outro anjo e pôs-se junto ao altar.

R: Com um turíbulo de ouro na mão (Ap 8,3).

A palavra "anjo" é nome de ofício, não de natureza, pois, mesmo que os santos espíritos da pátria celeste sejam todos espirituais, isso não significa que todos possam ser chamados de "anjos". Eles só são "anjos" – palavra que significa *mensageiro* – quando por eles são anunciadas algumas coisas. Por isso afirma o salmista: *Ele torna os espíritos em anjos seus* (Sl 103,4); como se claramente dissesse que Deus, quando quer, também faz "anjos", "mensageiros", aos espíritos celestiais que sempre tem junto de si. Aqueles que anunciam coisas de menor importância são chamados simplesmente de Anjos, e os que manifestam coisas mais importantes, Arcanjos. Eis por que a Maria não se enviou um anjo qualquer, mas o Arcanjo São Gabriel, pois era justo que viesse para isso um Anjo dos mais altos, para anunciar a melhor das (boas) novas. Por esta razão os Arcanjos gozam de nomes particulares, a fim de que, por meio dos homens, se revele o seu grande poder.

(São Gregório Magno († 604).
Sermão 34).

V: Deus deu uma ordem aos seus anjos.

R: Eles proteger-te-ão nos teus caminhos.

Reza-se a oração *É à vossa bondade*, como no encarte (ou p. 9).

Oração: Deus de amor e bondade, que dispusestes entre vossos anjos uma admirável hierarquia de nove coros, e confiastes a alguns serem vossos mensageiros, fazei que também nós, com corações alegres e dispostos, levemos a mensagem do Evangelho a todas as criaturas. Amém.

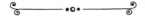

†

Em nome do Pai e do Filho e do
Espírito Santo. Amém.

V: Adiantou-se outro anjo e pôs-se junto ao altar.

R: Com um turíbulo de ouro na mão (Ap 8,3).

Miguel significa "quem como Deus?"; Gabriel, a "fortaleza de Deus"; e Rafael, a "medicina de Deus". Quantas vezes, se acontece algo que exige um poder extraordinário, é enviado São Miguel, para que, pela obra e pelo nome, se mostre que ninguém pode fazer o que Deus faz. Por isso, aquele antigo inimigo que aspirou, em sua soberba, a ser semelhante a Deus, dizendo: escalarei até o céu; levantarei o meu trono sobre as estrelas de Deus; me sentarei sobre o monte do testamento ao lado do setentrião; ultrapassarei a altura das nuvens; serei semelhante ao Altíssimo; ao fim do mundo, para que pereça no suplício definitivo, será abandonado a seu próprio poder e haverá de combater com o Arcanjo São Miguel, como afirma São João: *houve uma batalha com o Arcanjo São Miguel.* Assim, aquele que se ergueu soberbo e tentou ser semelhante a Deus aprenderá – derrotado por São Miguel –, que ninguém deve elevar-se com arrogância tendo a pretensão de assemelhar-se a Deus.

(São Gregório Magno († 604).
Sermão 34).

V: Deus deu uma ordem aos seus anjos.

R: Eles proteger-te-ão nos teus caminhos.

Reza-se a oração *É à vossa bondade*, como no encarte (ou p. 9).

Oração: São Miguel Arcanjo, defendei-nos no combate, cobri-nos com vosso escudo contra os embustes e as ciladas do demônio. Subjugue-o Deus, instantemente o pedimos; e vós, Príncipe da milícia celeste, pelo divino poder, precipitai no inferno a satanás e a todos os espíritos malignos que andam pelo mundo para perder as almas. Amém (Papa Leão XIII).

†

Em nome do Pai e do Filho e do
Espírito Santo. Amém.

V: Adiantou-se outro anjo e pôs-se junto ao altar.

R: Com um turíbulo de ouro na mão (Ap 8,3).

A Maria é enviado São Gabriel, que se chama a "fortaleza de Deus", porque vinha para anunciar Aquele que se dignou aparecer humilde para lutar contra as potestades infernais. Dele fala o salmista: *Levantai, ó príncipes, vossas portas, e erguei-vos, ó portas da eternidade, e entrará o Rei da glória...* E também: *o Senhor dos exércitos, esse é o Rei da glória.* Logo o Senhor dos exércitos e forte nas batalhas, que vinha para guerrear contra os poderes espirituais, devia ser anunciado pela "fortaleza de Deus". Do mesmo modo Rafael significa, como dissemos, a "medicina de Deus"; porque quando, exercendo ofício de médico, tocou os olhos de Tobias, fez desaparecer as trevas de sua cegueira. Portanto, é justo que se chamasse "medicina de Deus".

(São Gregório Magno († 604).
Sermão 34).

V: Deus deu uma ordem aos seus anjos.

R: Eles proteger-te-ão nos teus caminhos.

Reza-se a oração *É à vossa bondade*, como no encarte (ou p. 9).

Oração: Ó Deus, que tendo escolhido o Arcanjo Gabriel, entre todos os anjos, para anunciar o Mistério de vossa Encarnação, concedei-nos, em vossa bondade, que gozemos no céu de sua proteção. Por Nosso Senhor Jesus Cristo, vosso Filho, na unidade do Espírito Santo. Amém.

†

Em nome do Pai e do Filho e do
Espírito Santo. Amém.

V: Adiantou-se outro anjo e pôs-se junto ao altar.

R: Com um turíbulo de ouro na mão (Ap 8,3).

Vida de anjos é a dos simples de entendimento
que, sendo somente capazes de entender as coisas
pequenas, renunciam a ensiná-las a seus irmãos, enquanto outros, auxiliados pela graça de Deus, imi-
tam aos *Arcanjos*, procurando ensinar os arcanos que
chegaram a conhecer. *Virtudes*, os que têm o dom
de fazer milagres; *Potestades*, os que lançam ou ex-
pulsam os demônios; *Principados*, os que por seus
méritos superam a todos os irmãos, e *Dominações*, os
que conseguem dominar-se a si mesmos. Os que têm
recebido como prêmio poder julgar sabiamente aos
outros serão assemelhados aos *Tronos*, que regem e
governam a Santa Igreja. *Querubins* são os que têm a
plenitude da ciência, que não consiste em outra coi-
sa senão no amor de Deus e do próximo, plenitude
da Lei. *Serafins* são aqueles que, abrasados pelo amor

de Deus, só a Ele desejam e, alimentados com o seu amor, desprezam todo o terreno, sublimados para além do temporal.

(São Gregório Magno († 604).
Sermão 34).

V: Deus deu uma ordem aos seus anjos.

R: Eles proteger-te-ão nos teus caminhos.

Reza-se a oração *É à vossa bondade*, como no encarte (ou p. 9).

Oração: Concedei-nos, ó Pai, em vossa bondade, que, seguindo o exemplo dos santos anjos, sejamos desapegados dos bens da terra, para assim aderirmos cada vez mais aos bens do céu. Que, junto a eles, a ti demos glória! Amém.

†

Em nome do Pai e do Filho e do
Espírito Santo. Amém.

V: Adiantou-se outro anjo e pôs-se junto ao altar.

R: Com um turíbulo de ouro na mão (Ap 8,3).

Está escrito: *Os serafins estavam em pé à sua volta, cada um com seis asas; com duas asas cobriam o rosto, com duas cobriam os pés, com duas voavam e clamavam um ao outro* (Is 6,1-6). De fato, estes serafins que estão à volta de Deus, e que, unicamente pelo conhecimento, dizem: *Santo, Santo, Santo!*, conservam o mistério da Trindade, precisamente porque eles também são santos; não existe nada mais santo do que eles em toda a criação. E não dizem com fraqueza um ao outro: *Santo, Santo, Santo!*, mas, em alta voz, proclamam a confissão salvífica de todos... Não pense que se divide a natureza da Trindade quando se leva em consideração as funções dos nomes. Eles cobriam seu rosto de Deus, visto que a origem de Deus é desconhecida; e também cobriam os pés, pois, ao final, o que se compreende de nosso

Deus? Somente se veem as realidades intermediárias. Desconheço as que foram antes que estas; compreendo a Deus a partir das que são; e desconheço as que serão depois destas, pois são futuras.

(Orígenes († 254).
Homilia sobre Is 1,2).

V: Deus deu uma ordem aos seus anjos.

R: Eles proteger-te-ão nos teus caminhos.

Reza-se a oração *É à vossa bondade*, como no encarte (ou p. 9).

Oração: Senhor, desejamos ser santos, como Vós sois Santo, como vossos anjos são santos. Por isso, junto com eles proclamamos o Triságio angélico: Santo, Santo, Santo, Senhor Deus dos exércitos, o céu e a terra proclamam vossa glória. Amém.

✝

Em nome do Pai e do Filho e do
Espírito Santo. Amém.

V: Adiantou-se outro anjo e pôs-se junto ao altar.

R: Com um turíbulo de ouro na mão (Ap 8,3).

Na ordem espiritual é impossível sem o Espírito (Santo) permanecer nessa vida conforme a lei: não pode manter-se o exército em ordem estando ausente o comandante, nem o coro em harmonia se o maestro não o rege. Como os serafins poderiam cantar: *Santo, Santo, Santo* (Is 6,3), se o Espírito não os ensinasse quantas vezes devem pronunciar essa glorificação para que seja piedosa? Se todos os anjos de Deus o louvam, e se o louvam todas as potestades, eles o fazem por obra do Espírito. Se na sua presença estão milhares e milhares de anjos, e miríades e miríades de servidores, na força do Espírito realizam seu ofício com perfeição. Não seria possível que se conservasse, sem a direção do Espírito, toda essa harmonia celeste e inefável no serviço de Deus, e toda essa mútua concordância de todas as potências celestes. Deste modo, na criação dos seres cuja perfeição não ocorre por progresso, mas imediatamente está completa desde a sua criação, o Espírito está presente para completar e aperfeiçoar seus seres pessoais, conferindo-lhes a graça.

(São Basílio Magno († 379).
Tratado do Espírito Santo, 16,38).

V: Deus deu uma ordem aos seus anjos.

R: Eles proteger-te-ão nos teus caminhos.

Reza-se a oração *É à vossa bondade*, como no encarte (ou p. 9).

Oração: Divino Espírito Santo, Deus que é fogo de amor e que regeis todas as coisas rumo à santidade perfeita, concedei que também nós, assim como os anjos, sejamos repletos de vossa divina Pessoa e nos deixemos plasmar por ti. Amém.

Em nome do Pai e do Filho e do
Espírito Santo. Amém.

V: Adiantou-se outro anjo e pôs-se junto ao altar.
R: Com um turíbulo de ouro na mão (Ap 8,3).

Amemos com verdadeiro afeto aos anjos de Deus, pensando que um dia havemos de participar com eles da mesma herança e que, enquanto não chega este dia, o Pai os colocou junto a nós, como se fossem tutores e administradores. Na verdade, já agora somos filhos de Deus, embora isso ainda não seja visível, já que, por sermos ainda menores de idade, estamos sob tutores e administradores, como se em nada fôssemos diferentes dos escravos. Ademais, embora sejamos menores de idade, e embora nos falte percorrer um caminho tão longo e tão perigoso, nada devemos temer sob a custódia de guardiões tão notáveis. Eles – aqueles que nos guardam em nossos caminhos – não podem ser vencidos nem enganados, e menos ainda enganar-nos. Eles são fiéis, são prudentes, são poderosos: Por que nos assustamos?

Basta que os sigamos, que estejamos unidos a eles, e viveremos assim à sombra do Onipotente.

(São Bernardo († 1153).
Sermão 12 sobre o Sl 90).

V: Deus deu uma ordem aos seus anjos.

R: Eles proteger-te-ão nos teus caminhos.

Reza-se a oração *É à vossa bondade*, como no encarte (ou p. 9).

Oração: Ó Senhor nosso Deus, que nos colocastes sob a tutela e a guarda de anjos tão santos e tutores tão fiéis, fazei que sejamos dóceis e obedientes às suas inspirações, e iluminados por sua luz. Amém.

Em nome do Pai e do Filho e do
Espírito Santo. Amém.

V: Adiantou-se outro anjo e pôs-se junto ao altar.
R: Com um turíbulo de ouro na mão (Ap 8,3).

Entretanto, os anjos frequentam e visitam as almas fervorosas até que chegue o Esposo e, com um suplemento de graça, preparam mais a fundo a alma para a chegada do Esposo. Suscitam sua inteligência a uma maior compreensão de sua presença e ao conhecimento experimental de um trato familiar com eles, para que, com esta experiência, cresça e aumente a familiaridade com Deus. Partindo, pois, a alma em busca de Deus, é encontrada pelos guardas que rondam a cidade; e depois de percorrer a cidade, após a busca, é bem merecida a chegada dos santos anjos, ela a percebe e é recebida pelos anjos. Com efeito, estes precedem ao Esposo, manifestam sua própria presença, se revelam: e como são anjos da luz, eles vêm com a luz. Difundida esta luz, a alma é simultaneamente iluminada e como que tocada, de maneira que possa notar sua chegada e sentir sua presença.

(Ricardo de São Vitor († 1173).
Comentário ao Ct 4).

V: Deus deu uma ordem aos seus anjos.

R: Eles proteger-te-ão nos teus caminhos.

Reza-se a oração *É à vossa bondade*, como no encarte (ou p. 9).

Oração: Senhor, quantas vezes durante a nossa vida nós sentimos a presença de nosso santo anjo da guarda, seja soprando-nos aos ouvidos a vontade de Deus, seja protegendo-nos ou iluminando-nos com sua doce presença. Nós vos pedimos, Senhor, que nossa relação com o anjo da guarda seja cada vez mais suave e familiar. Amém.

Em nome do Pai e do Filho e do
Espírito Santo. Amém.

V: Adiantou-se outro anjo e pôs-se junto ao altar.
R: Com um turíbulo de ouro na mão (Ap 8,3).

Tanto os anjos como os arcanjos, os principados, as potestades ou qualquer outra das realidades criadas nomeadas pelos apóstolos, tudo foi submetido ao senhorio do Filho. Ele é Senhor dos anjos, como podes ver nos evangelhos: *Então o diabo o deixou. E eis que se aproximaram alguns anjos e o serviam.* O texto não diz que "o ajudavam", mas "o serviam", isto é, realizavam um ofício servil. E quando iria nascer da Virgem, Gabriel o serviu, transformando assim sua própria dignidade em serviço. Quando tinha que ir ao Egito para destruir os ídolos de lá, de novo um anjo aparece em sonhos a José. Tendo ressuscitado após a sua crucificação, um anjo o anunciou e, como servo diligente, disse às mulheres: *Agora, ide em seguida dizer aos discípulos: Ele ressuscitou dentre os mortos e irá à sua frente à Galileia; ali o vereis: Já vo-lo disse*.

(São Cirilo de Jerusalém († c. 386).
Catequese, 10,10).

V: Deus deu uma ordem aos seus anjos.

R: Eles proteger-te-ão nos teus caminhos.

Reza-se a oração *É à vossa bondade*, **como no encarte (ou p. 9).**

Oração: A Bíblia inteira, Senhor, fala da existência, da presença e ação dos anjos em nossas vidas, e mesmo assim tantos ainda os negam ou relegam ao esquecimento. Nós vos pedimos que, em vossa bondade, nossos irmãos os santos anjos sejam cada vez mais conhecidos e amados. Amém.

✝

Em nome do Pai e do Filho e do
Espírito Santo. Amém.

V: Adiantou-se outro anjo e pôs-se junto ao altar.

R: Com um turíbulo de ouro na mão (Ap 8,3).

Vês o poder que o Espírito Santo exerce no mundo inteiro? Que não acabe tua mente arrastada pelo chão, ao contrário: ascende ao alto, sobe em teus pensamentos até o primeiro céu e contempla os muitíssimos milhares de anjos que ali estão. Se podes, sobe com o pensamento o mais que puder: contempla os arcanjos e contempla aos espíritos, vede as virtudes, os principados, as potestades, os tronos e as dominações. Deus deu o Paráclito como governador, mestre e santificador de todos eles. Dele necessitam Elias, Eliseu e Isaías entre os homens. E entre os anjos, Miguel e Gabriel. Nada criado o iguala em honra. Pois todas as categorias de anjos e todos os exércitos juntos carecem de igualdade e paridade com o Espírito Santo. A todos eles os cobre e obscurece a potestade sumamente boa do Paráclito.

>> (São Cirilo de Jerusalém († c. 386).
>> *Catequese*, 16,23).

V: Deus deu uma ordem aos seus anjos.

R: Eles proteger-te-ão nos teus caminhos.

Reza-se a oração *É à vossa bondade*, como no encarte (ou p. 9).

Oração: Divino Espírito Santo, terceira Pessoa da santíssima Trindade, verdadeiro Deus junto com o Pai e o Filho, nós vos adoramos e bendizemos em vossa imensa glória, porque estais acima de todos os coros angélicos e de todos os homens. Sem a vossa presença nem mesmo os anjos reluziriam em beleza! Dai-nos a graça de sermos sempre fiéis a ti! Amém.

†

Em nome do Pai e do Filho e do Espírito Santo. Amém.

V: Adiantou-se outro anjo e pôs-se junto ao altar.

R: Com um turíbulo de ouro na mão (Ap 8,3).

Depois fazemos menção do céu, da terra e do mar; do sol e da lua, dos astros e de toda criatura, dotada ou não de razão, visível ou invisível; dos anjos, dos arcanjos, das virtudes, dominações, principados, potestades, tronos; dos querubins dotados de muitas faces; todos dizendo o que falou Davi: *Cantai comigo ao Senhor.* Nós também fazemos menção dos serafins que, no Espírito Santo, Isaías viu ao redor do trono de Deus e que com duas asas cobriam sua face, com duas asas os pés, e com duas voavam dizendo: *Santo, Santo, Santo é o Senhor dos exércitos.* Recitemos, portanto, esta liturgia divina, para que, na entonação comunitária dos louvores, nos unamos aos exércitos que estão acima do universo .

(São Cirilo de Jerusalém († c. 386).
Catequese, 23,6).

V: Deus deu uma ordem aos seus anjos.

R: Eles proteger-te-ão nos teus caminhos.

Reza-se a oração *É à vossa bondade*, como no encarte (ou p. 9).

Oração: Ó coros angélicos que assistem continuamente na presença do altar do Senhor no céu, convosco queremos realizar a liturgia na igreja, para que nossas orações e nossos cantos, unidos aos vossos, subam ao altar do Senhor como incenso de agradável odor. Amém.

Em nome do Pai e do Filho e do
Espírito Santo. Amém.

V: Adiantou-se outro anjo e pôs-se junto ao altar.

R: Com um turíbulo de ouro na mão (Ap 8,3).

Quando foste interrogado: "Renuncias ao diabo e suas obras?" O que respondeste? "Renuncio!" "Renuncias ao mundo e seus prazeres?" O que respondeste? "Renuncio!" Lembra-te de tua palavra e nunca percas de vista as consequências da garantia que ofereceste. Se firmas um recibo a favor de alguém, terás como obrigação receber seu dinheiro, estarás estritamente obrigado, e o credor (de tua contraprestação) te constrange. Se recusas, vais buscar o juiz e ali serás convencido por causa da garantia que deste. Observa onde prometeste e a quem prometeste. Viste um levita, mas ele é ministro de Cristo. O viste exercer o ministério diante do altar. Portanto, teu compromisso se mantém no céu, não na terra. Observa onde recebes os sacramentos celestiais. Se aqui está o corpo de Cristo, também os anjos se estabeleceram aqui: *onde está o corpo estão as águias*, leste no Evangelho. Onde está o corpo de Cristo, também estão as águias que costumam voar para fugir daquilo que é terreno, buscando o celestial. Por que digo isto? Porque os homens que anunciam a Cristo são também anjos e nós os consideramos chamados a ocupar o lugar de anjos.

(Santo Ambrósio († 397).
Os sacramentos, 1,55-56).

V: Deus deu uma ordem aos seus anjos.

R: Eles proteger-te-ão nos teus caminhos.

Reza-se a oração *É à vossa bondade*, como no encarte (ou p. 9).

Oração: Em todas as igrejas, Senhor, do mundo inteiro, Vós estais presente na Santíssima Eucaristia, e em cada sacrário do mundo bate o teu Sagrado Coração. Quero vos adorar muitas vezes nos sacrários do mundo, junto com vossos anjos, porque onde Vós estais, eles também estão. Amém.

✝

Em nome do Pai e do Filho e do
Espírito Santo. Amém.

V: Adiantou-se outro anjo e pôs-se junto ao altar.

R: Com um turíbulo de ouro na mão (Ap 8,3).

Convém, portanto, que seus méritos (do sacerdote) sobressaiam tanto entre os daqueles por quem
rogas, assim como deve sobressair o protetor entre os
protegidos. Mas quando chegamos ao ponto de que
é aquele que invoca ao Espírito Santo, e que celebra
aquele sacrifício assaz tremendo, e que sempre está
tocando ao Senhor comum de todos, onde, diga-me
por tua vida, poderemos situá-lo? Que pureza, que
reverência pediremos nele? Agora, pensa um pouco
como convém que sejam aquelas mãos que adminis-
tram estas coisas: tal como a língua que pronuncia
aquelas palavras e que alma há de haver mais pura e
mais santa que aquela que receberá um tal Espírito.
Nesta ocasião os anjos assistem ao sacerdote; neste
tempo, todo o santuário, e o local que está ao redor
do altar, se enche de potestades celestiais. Isto cada

um pode facilmente persuadir-se pelas mesmas coisas que naquele momento são ali celebradas.

> (São João Crisóstomo († 407).
> *Sobre o sacerdócio*, 6,4).

V: Deus deu uma ordem aos seus anjos.

R: Eles proteger-te-ão nos teus caminhos.

Reza-se a oração *É à vossa bondade*, **como no encarte (ou p. 9).**

Oração: Onde quer que estejas, Senhor, contigo estão vossos santos anjos. Até mesmo aqui na terra, quando se celebra a divina Eucaristia, vossos anjos vos adoram à volta do altar e celebram conosco. Concedei-nos, Senhor, que, na Santa Missa, tenhamos o mesmo respeito diante do Santíssimo Sacramento que os anjos possuem. Amém.

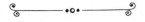

Em nome do Pai e do Filho e do
Espírito Santo. Amém.

V: Adiantou-se outro anjo e pôs-se junto ao altar.
R: Com um turíbulo de ouro na mão (Ap 8,3).

Com razão os espíritos imortais e bem-aventurados que habitam as moradas celestiais, e que gozam a participação de seu Criador, por cuja eternidade estão estáveis, por cuja verdade estão certos e por cuja graça são santos, não querem que sacrifiquemos a eles, mas àquele do qual também eles conheceram ser sacrifício conosco. E não querem porque misericordiosamente nos amam, a nós mortais e miseráveis, e querem que sejamos imortais e felizes. Formamos com eles a Cidade de Deus, da qual se fala no Salmo: *Coisas gloriosas se têm dito de ti, Cidade de Deus*. Uma parte dela peregrina em nós e outra neles nos favorece. Daquela soberana Cidade, onde a vontade inteligível e imutável de Deus é a lei; daquela soberana cúria em certo sentido – pois ali se tem cura de nós – desceu a nós, mediante os anjos, a Escritura Santa, que lê: *O que sacrifica a deuses, e não somente ao Senhor, será destruído.* Esta Escritura, estas leis, estes preceitos, foram confirmados com tal quantidade de milagres que não há dúvida de que nos manifestam evidentemente a quem querem os espíritos angélicos e bem-aventurados que ofereçamos nossos sacrifícios, que é unicamente ao Deus verdadeiro, mediante o qual nos desejam a mesma eterna felicidade e imortalidade da qual estão gozando e gozarão por toda a eternidade.

(Santo Agostinho († 430).
Cidade de Deus, 10,7).

V: Deus deu uma ordem aos seus anjos.

R: Eles proteger-te-ão nos teus caminhos.

Reza-se a oração *É à vossa bondade*, como no encarte (ou p. 9).

Oração: Todos aqueles que vos são fiéis, Senhor, pertencem a vossa santa Cidade, a Cidade de Deus. Nela habitam não só os fiéis da terra, mas também os do céu, juntamente com nossos irmãos os santos anjos. Dai-nos a graça, Senhor, de sempre habitar na tua Cidade nesta terra, para após a morte ir gozar dela também no céu. Amém.

†

**Em nome do Pai e do Filho e do
Espírito Santo. Amém.**

V: Adiantou-se outro anjo e pôs-se junto ao altar.

R: Com um turíbulo de ouro na mão (Ap 8,3).

Ó minh'alma! Bendiz ao Senhor e todas as facul-
dades interiores bendigam seu santo nome! Bendiz
a Deus, minh'alma, e não esqueças seus benefícios
e recompensas. Bendizei ao Senhor todas as suas
obras: bendiz, minh'alma, ao Senhor em todo lugar
aonde chega o seu senhorio e domínio. Louvemos ao
Senhor, a quem louvam os anjos, adoram as dominações, tremem as potestades; a quem os querubins e
serafins cantam incessantemente *Santo, Santo, Santo.* Juntemos nossas vozes às vozes dos santos anjos,
e louvemos ao que é Senhor de ambos, do modo
que possamos. Porque eles louvam ao Senhor com a
maior pureza e sem cessar; pois nunca se afastam da
divina contemplação, vendo-o, não como num espe-
lho, ou de forma confusa, mas face a face.

(Pseudo-Agostinho († c. séc. XII-XIII).
Meditações, 27).

V: Deus deu uma ordem aos seus anjos.

R: Eles proteger-te-ão nos teus caminhos.

Reza-se a oração *É à vossa bondade*, como no encarte (ou p. 9).

Oração: Senhor, Deus de infinita sabedoria e amor, vossos anjos tremem diante de ti por vossa grandeza e mistério, e nós tantas vezes vos faltamos com o devido respeito, sendo pouco reverentes, ou mesmo vos ofendendo com o pecado. Dai-nos a graça de vos sermos fiéis reverentes, adoradores em espírito e verdade, para um dia também gozarmos com vossos anjos da contemplação face a face. Amém.

Em nome do Pai e do Filho e do
Espírito Santo. Amém.

V: Adiantou-se outro anjo e pôs-se junto ao altar.
R: Com um turíbulo de ouro na mão (Ap 8,3).

Não sem justo título se tem aplicado aos anjos bons os mesmos termos que indicam a sua categoria, tendo cada qual seu nome apropriado para designar seu ofício, mérito ou dignidade. Isso é incontestável. Alguns levam o nome apelativo de anjos ou mensageiros, visto que possuem a missão de anunciar os desejos divinos. O de arcanjos, porque comandam os anjos, como o próprio nome o indica. Outros são chamados de dominações, porque, na realidade, dominam sobre muitos. Os principados, porque têm a outros submissos a si, como acontece com os príncipes. Por fim, outros são designados com o denominativo de tronos, em razão de sua familiaridade e íntimas relações com Deus. Graças a isto, a Majestade divina descansa mais singularmente neles como sobre seu trono, e, de certa maneira, inclina-se neles com maior complacência.

> (São João Cassiano († c. 435).
> *Conferência 2,15 do Abade Sereno*
> (ou 8ª de Escete)).

V: Deus deu uma ordem aos seus anjos.

R: Eles proteger-te-ão nos teus caminhos.

Reza-se a oração *É à vossa bondade*, como no encarte (ou p. 9).

Oração: Nove são os coros angélicos, Senhor, e cada um deles possui uma dignidade diferente da dos demais frente a tua grandeza. Destes coros alguns caíram e nos tentam ao pecado. Concedei, Senhor, que permaneçamos sempre fiéis a ti, para um dia ocuparmos uma daquelas cadeiras que ficaram vazias entre os divinos coros angélicos. Amém.

✝

Em nome do Pai e do Filho e do
Espírito Santo. Amém.

V: Adiantou-se outro anjo e pôs-se junto ao altar.

R: Com um turíbulo de ouro na mão (Ap 8,3).

Dá-me, Senhor, como amigo, como companheiro, ao santo anjo do santo poder, ao anjo da prece de
divino fulgurar, amado benfeitor, custódio da alma,
custódio da vida, guardião de minhas súplicas, guardião de minhas obras. Meu corpo, que o preserve
puro de enfermidades; meu espírito, que o preserve
puro de corrupção; a minha alma, que lhe busque
o esquecimento das paixões, para que, nesta minha
vida, criação da terra, alimente-se com os hinos a ti
a ala[2] de minha alma, e para que, na vida posterior, a
parca[3] e ao peso das cadeias terrenais, pura de matéria, percorra o caminho para a tua morada, para teu
seio, donde emana a fonte da alma. Tu dá-me a mão;

_____

2. Linguagem poética: asa.

3. Linguagem poética: a morte.

Tu chama-me; Tu, bem-aventurado, faz elevar-se da matéria a minha alma suplicante.

> (Sinésio de Sirene († c. 413).
> *Hino 2*, 260-265).

V: Deus deu uma ordem aos seus anjos.

R: Eles proteger-te-ão nos teus caminhos.

Reza-se a oração *É à vossa bondade*, como no encarte (ou p. 9).

Oração: Querido santo anjo de minha guarda, celestial companheiro e amigo dado por Deus a mim para me orientar, proteger, iluminar e conduzir à vida, ajuda-me a realizar em minha vida sempre a vontade de Deus e ser aberto e atento a tua voz. Amém.

Em nome do Pai e do Filho e do
Espírito Santo. Amém.

V: Adiantou-se outro anjo e pôs-se junto ao altar.
R: Com um turíbulo de ouro na mão (Ap 8,3).

Deus criou os anjos do nada e produziu a sua imagem a partir da sua substância incorpórea, como um espírito ou um fogo imaterial, tal como afirma o divino Davi: *Fazeis dos ventos os seus anjos e dos fogos flamejantes seus ministros* (Sl 104,4). Davi descreve de tal forma a sua rapidez, o seu ardor, o fervor, a transparência e a energia com a qual desejam e servem a Deus, indicando assim como eles tendem para o alto e são completamente privados de inteligência material. O anjo, pois, é uma substância inteligente, em contínuo movimento e munido de livre-arbítrio, incorpóreo, ao serviço de Deus, provido de imortalidade por dom divino. Somente o Criador conhece o seu aspecto e a sua definição.

(São João Damasceno († c. 750).
A fé ortodoxa, 2,3).

V: Deus deu uma ordem aos seus anjos.

R: Eles proteger-te-ão nos teus caminhos.

Reza-se a oração *É à vossa bondade*, como no encarte (ou p. 9).

Oração: Ó Deus, que em vossa admirável providência dais aos homens o auxílio dos vossos poderosos santos anjos, concedei que sejamos livres e prontos em vos servir, assim como eles o são. Amém.

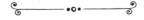

Em nome do Pai e do Filho e do
Espírito Santo. Amém.

V: Adiantou-se outro anjo e pôs-se junto ao altar.
R: Com um turíbulo de ouro na mão (Ap 8,3).

Sabemos que entre os serafins, também os tronos, os principados, as potestades, as virtudes, as dominações – os quais, segundo o apóstolo (Cl 1,16), servem a Deus –, igualmente todos os arcanjos – os quais tem conservado seu originário estado de graça – são santos. Nisso nós deixamos somente a ciência divina medir o grau de santidade de cada um. Não sabemos, de fato, quais arcanjos são mais santos entre os arcanjos, e nem quais anjos são de se considerar melhores que os outros anjos. A estrela se distingue da outra estrela pelo brilho (1Cor 15,41); e visto que nós podemos ver as estrelas com os nossos olhos, podemos julgar qual estrela é superior a outra em grandeza. Mas sobre os anjos e arcanjos, sobre os principados, os tronos e as dominações, sobre as potestades e os outros espíritos ao serviço de Deus, como não os podemos ver, não podemos julgar.

>   (São Jerônimo († 429/430).
>   *Comentário a Is 6,1-7).*

V: Deus deu uma ordem aos seus anjos.

R: Eles proteger-te-ão nos teus caminhos.

Reza-se a oração *É à vossa bondade*, como no encarte (ou p. 9).

Oração: Ó Senhor, fonte de todo amor e de toda santidade, que cumulastes vossos anjos com graus variados de santidade e brilho, dai também a nós a graça de sermos repletos de santidade, assim como pedistes: Sede santos, como vosso Pai celeste é santo. Amém.

Em nome do Pai e do Filho e do
Espírito Santo. Amém.

V: Adiantou-se outro anjo e pôs-se junto ao altar.
R: Com um turíbulo de ouro na mão (Ap 8,3).

Portanto, já sabes do que são capazes os dois anjos. Dá-te conta deles e confia-te ao anjo da justiça. Do anjo da maldade afasta-te, porque seu ensinamento é mau para qualquer obra. Pois, se um homem é fiel e sobe ao seu coração o pensamento deste anjo, aquele homem ou aquela mulher pecarão inevitavelmente. Por outro lado, se um homem ou uma mulher são muito maus, mas ao seu coração sobem as obras do anjo da justiça, por força obrará o bem. Assim, já percebes que é bom seguir ao anjo da justiça e renunciar ao anjo da maldade. Dei-te este mandamento para que compreendas aquilo que é relativo à fé, para que creias nas obras do anjo da justiça e, ao realizá-las, vivas para Deus. Crê que as obras do anjo da maldade são funestas. Portanto, o que não as praticar, viverá para Deus.

(Hermas († séc. II).
O pastor – Mandamentos, 6,2).

V: Deus deu uma ordem aos seus anjos.

R: Eles proteger-te-ão nos teus caminhos.

Reza-se a oração *É à vossa bondade*, como no encarte (ou p. 9).

Oração: Quero silenciar, Senhor, para vos escutar em vossos santos anjos, e quero vos escutar, para prontamente vos obedecer. Se eu realizar estas três coisas: silenciar, escutar e obedecer, serei cada dia mais semelhante aos vossos anjos, porque é assim que eles fazem. Amém.

Em nome do Pai e do Filho e do
Espírito Santo. Amém.

V: Adiantou-se outro anjo e pôs-se junto ao altar.
R: Com um turíbulo de ouro na mão (Ap 8,3).

E o templo estava repleto da glória do Senhor, e os serafins se mantinham de pé ao seu redor. Os querubins são o trono, os serafins a guarda de Deus, pois a palavra querubim significa simplesmente uma sabedoria perfeita. Ora, assim como um trono qualquer permite àquele que o usa de aí tomar descanso, assim também é para ele uma honra de ali se assentar; do mesmo modo o trono de Deus é a sabedoria e Deus aí encontra o seu repouso. *Vós vos assentais sobre os querubins* (Sl 79,3; 98,1); como se dissesse: Vós que descansais na plenitude de vossa sabedoria. Assim os querubins são cobertos de olhos, sobre as costas, sobre o peito, porque a sabedoria exala de toda parte e porque não há nada de escondido a sua vista. *Um deles tinha seis asas e um outro tinha seis asas: entre as asas, duas lhes serviam para se cobrir os olhos, duas para cobrir os pés, e duas para voar. E eles gritavam um ao outro: Santo, Santo, Santo é o Senhor Sabaoth, ou seja, o Senhor Deus dos exércitos.*

(Severiano de Gábala († c. 431).
Discurso 2,5 sobre a criação do mundo).

V: Deus deu uma ordem aos seus anjos.

R: Eles proteger-te-ão nos teus caminhos.

Reza-se a oração *É à vossa bondade*, como no encarte (ou p. 9).

Oração: Ó santos anjos de Deus que viveis a vossa vocação com fidelidade e amor, e sobre os quais o altíssimo encontra seu repouso, ajudai-nos a que vivamos nossa vocação nesta terra com tal fidelidade, que Deus possa encontrar também em nós o seu repouso. Amém.

Em nome do Pai e do Filho e do
Espírito Santo. Amém.

V: Adiantou-se outro anjo e pôs-se junto ao altar.
R: Com um turíbulo de ouro na mão (Ap 8,3).

O Pai, lançando, então, um olhar satisfeito sobre a obra, e, vendo-a terminada pelo efeito de uma vontade comum, comprazia-se nas perfeições de seu Divino Filho. Mas Ele buscaria um ser que pode compreender a Sabedoria autora de todas as coisas, uma criatura imagem da divindade mesma e que foi o rei desse mundo; Ele fez ouvir estas palavras: "Uma multidão de servidores fiéis e imortais povoem a corte celeste. Espíritos puros, anjos devotados, eles cantam a minha glória um hino sem fim.

A terra fez seu ornamento com as criaturas irracionais que a cobrem. Hoje eu quero exibir à luz um novo ser, mistura das duas naturezas: o homem dotado de razão, tendo o meio entre o céu e a terra; o homem que poderá se comprazer em minhas obras, conhecer os mistérios dos céus, reinar como mestre no universo, e, novo anjo, celebrar sobre esta terra o meu poder e a minha glória". Assim fala o Senhor, e tomando uma parcela dessa terra novamente criada, de suas mãos divinas Ele forma o primeiro ser de minha espécie.

(São Gregório Nazianzeno († 390).
Poema *A criação*).

V: Deus deu uma ordem aos seus anjos.

R: Eles proteger-te-ão nos teus caminhos.

Reza-se a oração *É à vossa bondade*, como no encarte (ou p. 9).

Oração: Ó Deus, que desde o início da criação pensastes em criar os anjos e os homens, para que, compreendendo a vossa divina sabedoria, vos louvassem com hinos sem fim, concedei que nosso governo sobre a terra culmine sempre para a vossa maior glória no cuidado da casa comum. Amém.

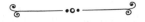

✝

Em nome do Pai e do Filho e do
Espírito Santo. Amém.

V: Adiantou-se outro anjo e pôs-se junto ao altar.

R: Com um turíbulo de ouro na mão (Ap 8,3).

E assim como subitamente Jesus Cristo descerá
do céu, virá um fogo terrível no semblante do Juiz, o
qual percorrerá o mundo inteiro. O dilúvio que acon-
teceu no tempo de Noé foi figura deste que deve vir;
e como aquela água cobriu todos os montes, assim
este fogo ocupará tudo. Em seguida, os anjos per-
correrão o mundo todo, e tomarão todos os santos e
os justos, nas nuvens; mas, por outro lado, como será
infeliz aquele que estiver privado daquele encontro
bem-aventurado! Há de chorar e jorrar fonte de lá-
grimas. Ora, não sejamos negligentes, irmãos fiéis:
o caminho está preparado. Enquanto temos tempo,
trabalhemos para vencer o que não é bom no corpo
e os vícios e pecados da alma. Vençamos a libido, tal

como fez o castíssimo José, não só com o corpo, mas com as cogitações e tristes pensamentos.

(Santo Efrém, diácono e doutor da Igreja († 373).
Sermão 1º sobre o juízo e a ressurreição).

V: Deus deu uma ordem aos seus anjos.

R: Eles proteger-te-ão nos teus caminhos.

Reza-se a oração *É à vossa bondade*, como no encarte (ou p. 9).

Oração: Ó Deus, que misteriosamente concedestes aos santos anjos uma participação no Grande Juízo, dai-nos a graça de permanecermos sempre fiéis a ti, para que o Rosto do Divino Juiz não nos cause medo, mas alegria e paz de espírito. Amém.

Em nome do Pai e do Filho e do
Espírito Santo. Amém.

V: Adiantou-se outro anjo e pôs-se junto ao altar.
R: Com um turíbulo de ouro na mão (Ap 8,3).

Eu não quero dizer que as águas nos obtenham o Espírito Santo; mas a água, a qual o anjo preside, purificando-nos de nossos pecados, prepara-nos para receber o Espírito Santo. Novamente nós temos aqui uma figura que tem precedido o batismo-sacramento. Porque, assim como João foi o precursor do Senhor preparando-lhe seus caminhos, da mesma forma o anjo que preside ao batismo dirige os caminhos ao Espírito Santo por meio da água que lava e que purifica o pecado: mas junto com a profissão de fé que nós fazemos, e que é selada com o selo do Pai e do Filho e do Espírito Santo, onde tomamos todos os três por testemunhas. Porque se um testemunho se estabelece sobre a palavra de três testemunhas, muito mais nossa esperança está firmemente estabelecida sobre o nome das três pessoas divinas, visto que temos por garantia de nossa salvação os mesmos que são avalistas de nossa fé.

(Tertuliano († c. 222/223).
Tratado do Batismo, 5).

V: Deus deu uma ordem aos seus anjos.

R: Eles proteger-te-ão nos teus caminhos.

Reza-se a oração *É à vossa bondade*, como no encarte (ou p. 9).

Oração: Ó Deus que em vossa imensa sabedoria estabelecestes um santo anjo para presidir a cada divino sacramento, dai que, cada vez que participemos da celebração de um sacramento, participemos com mais fervor, invocando a presença dos santos anjos. Amém.

✝

Em nome do Pai e do Filho e do
Espírito Santo. Amém.

V: Adiantou-se outro anjo e pôs-se junto ao altar.

R: Com um turíbulo de ouro na mão (Ap 8,3).

E de novo há de vir. Com estas palavras todos os filhos da Igreja eram convidados a crer que Jesus Cristo viria visivelmente na mesma carne com que o tinham visto subir. Não é possível pôr em questão que tudo lhe esteja submetido, desde que o ministério dos anjos colocou-se inteiramente a seu serviço desde os albores de seu nascimento corpóreo. E como foi um anjo quem anunciou à Bem-aventurada Virgem que iria conceber por obra do Espírito Santo, da mesma forma a voz dos espíritos celestes anunciou aos pastores o recém-nascido. E assim como os primeiros testemunhos da ressurreição dentre os mortos foram comunicados pelos núncios celestes; assim, pelo ministério dos anjos, foi anunciado que Cristo virá na carne para julgar o mundo. Tudo isso tem o objetivo de fazer-nos compreender quão numeroso deve ser o séquito de Cristo quando vier para julgar, se foram tantos os que o serviram quando veio para ser julgado.

(São Leão Magno († 461).
Tratado, 74,4).

V: Deus deu uma ordem aos seus anjos.

R: Eles proteger-te-ão nos teus caminhos.

Reza-se a oração *É à vossa bondade*, como no encarte (ou p. 9).

Oração: Senhor nosso Deus, que em vossa imensa sabedoria criastes os santos anjos em um número incontável, fazei que também nós, os seres humanos, teus filhos, sejamos contados no céu juntamente com eles para vos adorar e louvar pelos séculos sem fim. Amém.

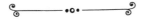

Meditações-reserva

Como Zacarias teve uma visão durante a oração, quando se fazem as súplicas, souberam que lhe fora concedido algum dom. Mas quando não encontraram em sua boca a ação de graças, souberam também que não acolhera o dom. Embora Zacarias tenha duvidado da palavra do anjo, ninguém duvidou de seu silêncio. Aquele que não acreditou na promessa que se fazia através do anjo, fez com que todos cressem na promessa através do silêncio. Com efeito, o silêncio de Zacarias se fez de profeta e de juiz para os outros. Como profeta, serviu para que conhecessem a promessa; e como juiz, serviu para que temessem desprezar a promessa. Também para o próprio Zacarias, o anjo tinha sido profeta e juiz. Como profeta, manifestou-lhe as coisas ocultas; e como juiz aplicou-lhe o castigo.

(Santo Efrém, diácono e doutor da Igreja († 373). *Diatessaron*, 1,14).

Os anjos do céu, ignorando o augusto e sublime mistério daquela vinda na carne (do Verbo), contemplavam pasmados e maravilhados àquele que *ascendia* e, pasmados ante o novo e inaudito espetáculo, não conseguiram deixar de exclamar: *Quem é esse que vem de Edom?* Isto é, da terra. Contudo, o Espírito não permitiu que aquela multidão celeste permanecesse na ignorância da admirável sabedoria de Deus Pai, antes mandou que as portas do céu fossem abertas como a Rei e Senhor do universo, exclamando: *Portões! Erguei as padieiras, que se elevem as antigas comportas: o Rei da glória vai entrar.* Assim, Nosso Senhor Jesus Cristo nos inaugurou um caminho novo e vivo, como afirma Paulo: *Ele entrou não em um santuário construído por homens, mas no próprio céu, para colocar-se ante Deus, intercedendo por nós.*

(São Cirilo de Alexandria († 444).
Comentário sobre Jo 9 – Ascensão).

Referências

BERMUDEZ, J.C.D.B. *La Ciudad de Dios*. Vol. 10. Madri: Real, 1793.

BROWNLIE, J. *Hymns of the Greek Church*. Edimburgo/Londres: Oliphant, Anderson & Ferrier, 1900.

Chefs-d'oeuvre des Peres de l'Église. 15 vols. Paris: [s.e.], 1837.

DE SAN MIGUEL, F.S. *Los seis libros de San Juan Crisostomo sobre el sacerdocio*. Barcelona: Pablo Riera, 1863.

DU PIN, E. *Nouvelle Bibliotheque des Auteurs Ecclesiastiques* [s.n.t.].

GENOUDE, M. *Defense du cristianisme par les Pères*. 2 vols. Paris: Hachette, 1846.

GERSDORF, E.G. *Bibliotheca Patrum Ecclesiasticorum Latinorum Selecta*. 13 vols. Leipzig: B. Tauchnitz, 1838-1847.

GRAFFIN-NAU. *Patrologia Orientalis*. Paris: Firmin-Didot, 1907.

GUÉRANGER, P. *L'Annee Liturgique*. 15 vols. 19. ed. Paris: H. Oudin, 1911.

_____. *Institutions liturgiques.* 4 vols. 2. ed. Paris: Société Générale de Librairie Catholique, 1878.

GUILLON, M.-N.-S. *Bibliothèque Choisie des Pères de L'église Grecque et Latine.* 36 vols. Paris: [s.e.], 1824.

Les Peres de l'Église. 8 vols. Paris: Chez Sapia, 1837.

Livre de Prieres a l'usage des chretiens de l'Église Orthodoxe Catholique d'Orient: Paris: [s.e.], 1852.

PÈRE JEROSME. *Bibliotheque Ascétique.* 7 vols. Paris: Guillaume Desprez, 1761.

Textes et documents pour l'etude historique du christianisme. 8 vols. Paris: Grapin, 1905.

TRICALET, P.-J. *Biblioteca Portatil de los Padres y Doctores de la Iglesia.* 10 vols. Madri: Real, 1790.

ZEBALLOS, E. *Soliloquios y manual del Gran Padre San Agustin.* Madri: Don Ramon Verges, 1824.

Coleções consagradas

AHMA: *Analecta Hymnica Medii Aevi.* 55 vols. Leipzig 1886-1922.

CSEL: *Corpus Scriptorum Ecclesiasticorum Latinorum.*

ECFC: *Early Church Fathers Collection.*

Fabricius J.A.

NPB: *Novae Patrum Bibliothecae.*

PG: *Patrologia Grega (Migne)*.

PL: *Patrologia Latina (Migne)*.

REB: *Revue des Études Byzantines*.

Santos Padres da Igreja

Hermas, 59

Orígenes, 29

Pseudo-Agostinho, 48

Pseudo-Dionísio, 11, 12, 15, 17

Ricardo de São Vitor, 35

Santo Agostinho, 47

Santo Ambrósio, 43

Santo Efrém, diácono e doutor da Igreja, 65, 71

São Basílio Magno, 31

São Bernardo, 33

São Cirilo de Alexandria, 72

São Cirilo de Jerusalém, 37, 39, 40

São Gregório Magno, 19, 21, 23, 24, 27

São Gregório Nazianzeno, 63

São Jerônimo, 57

São João Cassiano, 51

São João Crisóstomo, 45

São João Damasceno, 54

São Leão Magno, 69

Severiano de Gábala, 61

Sinésio de Sirene, 53

Tertuliano, 67

CULTURAL

Administração – Antropologia – Biografias
Comunicação – Dinâmicas e Jogos
Ecologia e Meio Ambiente – Educação e Pedagogia
Filosofia – História – Letras e Literatura
Obras de referência – Política – Psicologia
Saúde e Nutrição – Serviço Social e Trabalho
Sociologia

CATEQUÉTICO PASTORAL

Catequese – Pastoral
Ensino religioso

REVISTAS

Concilium – Estudos Bíblicos
Grande Sinal
REB – SEDOC

TEOLÓGICO ESPIRITUAL

Biografias – Devocionários – Espiritualidade e Mística
Espiritualidade Mariana – Franciscanismo
Autoconhecimento – Liturgia – Obras de referência
Sagrada Escritura e Livros Apócrifos – Teologia

PRODUTOS SAZONAIS

Folhinha do Sagrado Coração de Jesus
Calendário de mesa do Sagrado Coração de Jesus
Agenda do Sagrado Coração de Jesus
Almanaque Santo Antônio – Agendinha
Diário Vozes – Meditações para o dia a dia
Encontro diário com Deus
Guia Litúrgico

VOZES NOBILIS

Uma linha editorial especial, com importantes autores, alto valor agregado e qualidade superior.

VOZES DE BOLSO

Obras clássicas de Ciências Humanas em formato de bolso.

CADASTRE-SE
www.vozes.com.br

EDITORA VOZES LTDA.
Rua Frei Luís, 100 – Centro – Cep 25689-900 – Petrópolis, RJ
Tel.: (24) 2233-9000 – Fax: (24) 2231-4676 – E-mail: vendas@vozes.com.br

UNIDADES NO BRASIL: Belo Horizonte, MG – Brasília, DF – Campinas, SP – Cuiabá, MT
Curitiba, PR – Fortaleza, CE – Goiânia, GO – Juiz de Fora, MG
Manaus, AM – Petrópolis, RJ – Porto Alegre, RS – Recife, PE – Rio de Janeiro, RJ
Salvador, BA – São Paulo, SP